アレクセイと泉のはなし

この深《ふか》い森《もり》をぬけると、ぼくの村《むら》がある。

本橋成一

アリス館

ぼくの名《な》まえはアレクセイ。
ベラルーシという国《くに》の、
ちいさな村《むら》に住《す》んでいる。
家族《かぞく》は、父《とう》さんと母《かあ》さん、
ウマのルイシックに、
イヌのワウチョック。
そのほかにも、仲間《なかま》たちがいっぱい。

もうずいぶんむかし、
一九八六年《ねん》四月《がつ》二六日《にち》のこと。
ぼくたちが畑《はたけ》にジャガイモを植《う》えて

家《いえ》に帰《かえ》ったとき、
何《なに》かがはじまった。
強《つよ》い風《かぜ》が吹《ふ》いた。
ほこりが舞《ま》い上《あ》がった。
空《そら》はオレンジ色《いろ》に染《そ》まっていた。
風《かぜ》で塀《へい》がはげしくゆれた。
雨《あめ》が降《ふ》ってきて、
そして、あっというまにやんだ。

何《なに》が起《お》こったか、
ぼくたちにはわからなかった。

3

その日《ひ》、
チェルノブイリの
原子力発電所《げんしりょくはつでんしょ》が、
爆発事故《ばくはつじこ》を起《お》こしたのだ。
ぼくの村《むら》は
一八〇キロ離《はな》れていたけれど、
見《み》えない放射能《ほうしゃのう》で汚《よご》され、
もうここに住《す》んではいけない、
と言《い》われた。

たくさんのひとが
村《むら》を離《はな》れた。
でも、五五人《にん》の年寄《としよ》りと
ぼくは村《むら》に残《のこ》った。

父《とう》さんと母《かあ》さんは、
村《むら》を出《で》るなんて
思《おも》ってもいない。
ぼくもこの村《むら》が大好《だいす》きだから、
三人《にん》で今《いま》までと同《おな》じように
暮《く》らしている。

村《むら》に残《のこ》ったひとたちに
わけを聞《き》けば、
だれもが
こんなふうに答《こた》える。
「放射能《ほうしゃのう》は降《ふ》ったけれど、
ここには
きれいな泉《いずみ》があるからね」
「この泉《いずみ》の水《みず》は、
百年《ねん》もかかって
地上《ちじょう》に湧《わ》き出《で》てきたんだよ」
「この泉《いずみ》は奇跡《きせき》さ」

ひとのからだも、
イヌもネコも
ニワトリも、
そう、それから
野菜《やさい》もリンゴの木《き》も、
みんな水《みず》を飲《の》む。
村《むら》の生《い》きものみんなが、
この泉《いずみ》の水《みず》を
もらっている。
この水《みず》は、いのちの水《みず》。

ぼくの家《いえ》にも、
たくさんの
いのちたちがいる。

ウマ、ウシ、ブタ、
ガチョウ、ニワトリ。
家《いえ》に住《す》みついている
ネズミや鳥《とり》たち、
そして
畑《はたけ》のミミズや
ちいさな虫《むし》たちまで、
かぞえきれない
いのちといっしょに
暮《く》らしているんだ。

うちの母《かあ》さんは
いつもこう言《い》う。
「この子《こ》たちを残《のこ》して、
町《まち》へ行《い》くことなんて
できやしないよ」

役人《やくにん》がきて、
村《むら》は危険《きけん》だから
早《はや》く引《ひ》っ越《こ》しなさい、
とすすめたとき、
母《かあ》さんは言《い》った。
「この動物《どうぶつ》たちは、
木《き》や草《くさ》は
どうするんだい。
いっしょに連《つ》れていっても
いいのかい?」

冬《ふゆ》の日《ひ》、
ウマのルイシックに
ソリをつけ、
森《もり》へ
たき木《ぎ》を取《と》りに出《で》かける。

「おーい白樺《しらかば》、
きょうは凍《い》てつくね」
「やあ太陽《たいよう》、
きみは温《あたた》かくていいなあ」
ぼくは、
何《なん》にでも話《はな》しかける。
みんな
生《い》きているもの
どうしだから、
言葉《ことば》は
ちゃんと伝《つた》わっている。

この村《むら》では、
はたらくことが
生《い》きること。
種《たね》をまくやさしい手《て》、
土《つち》を掘《ほ》る強《つよ》い腕《うで》、
ジャガイモを持《も》ち上《あ》げる
たくましい肩《かた》。

人間《にんげん》のからだは、
何《なん》でもできる
すばらしい道具《どうぐ》。

ぼくたちは
からだぜんぶを使《つか》って、
たくさんのいのちを育《そだ》てる。

夏《なつ》に穫《と》れた麦《むぎ》はパンになり、
こぼれたぶんは
ニワトリや小鳥《ことり》たち、
ネズミたちのえさになる。
ニワトリのタマゴと肉《にく》は、
人間《にんげん》の食糧《しょくりょう》になる。
ガチョウも
秋《あき》までにしっかり大《おお》きくして、
ぼくたちがいただく。

麦《むぎ》もニワトリもガチョウも、
かわいがって、
だいじに育《そだ》てて、
おいしく食《た》べる。
人間《にんげん》が食《た》べられないところは、
イヌやネコが食《た》べてくれる。
だからあとには何《なに》も残《のこ》らない。

こうしていのちは、
つぎつぎにつながっていく。
ひとつのいのちは、
すべてのいのちにつながっていく。

原子力発電所《げんしりょくはつでんしょ》ができると、
生活《せいかつ》がもっと豊《ゆた》かになるって
教《おし》えられた。
でも、ぼくの村《むら》は、
ほんのすこしの電気《でんき》で、
とても豊《ゆた》かだったし、
いまでもみんな満足《まんぞく》している。

この村《むら》には、
いのちが育《そだ》つのに必要《ひつよう》なものは、
なんでもそろっている。
ただひとつ
要《い》らないものは、
人間《にんげん》が作《つく》った放射能《ほうしゃのう》だけ。

保険局《ほけんきょく》のひとが
放射能《ほうしゃのう》を測《はか》りにくると、
村《むら》のひとたちはいつも、
こんなふうに言《い》う。
「測《はか》ると減《へ》るのかい？」

放射能《ほうしゃのう》には、
何億年《なんおくねん》も力《ちから》が減《へ》らないものがある。
つまり
そんなに長《なが》いあいだ、
こいつは、
あらゆるいのちに向《む》かって
いたずらをつづけるんだ。

村《むら》の年寄《としよ》りたちは
力持《ちからも》ちだ。
傷《いた》んでいた
泉《いずみ》の囲《かこ》いの
修理《しゅうり》をしたときも、
手《て》と腕《うで》と
足《あし》だけでやりとげた。
ぼくも畑仕事《はたけしごと》を休《やす》んで
手伝《てつだ》った。

森《もり》で伐《き》った木《き》を、
泉《いずみ》まで引《ひ》っぱってきて、
斧《おの》でけずり、
組《く》み合《あ》わせていくと、
新《あたら》しい囲《かこ》いができた。
すばらしい力仕事《ちからしごと》！

村《むら》の人《ひと》たちは、
まだまだ元気《げんき》。
けれども
何《なん》十年《ねん》か過《す》ぎたあと、
ここに住《す》んでいるのは、
ぼくだけに
なっているかもしれない。

八月《がつ》の終《お》わりの日《ひ》は収穫祭《しゅうかくさい》。
何年《なんねん》ぶりかで司祭《しさい》がやってきた。
「十数年前《すうねんまえ》に、
チェルノブイリの悲劇《ひげき》が起《お》こりました。
それはまだつづいています。
けれども、
ここには
聖《せい》なる泉《いずみ》があります。
この泉《いずみ》の水《みず》を、
喜《よろこ》びとともに
飲《の》んでください。

そうすれば希望《きぼう》が満《み》ちてきます。
この泉《いずみ》の聖《せい》なる水《みず》が、
困難《こんなん》な場所《ばしょ》に住《す》んでいる
あなたがたに、
力《ちから》を与《あた》えますように。
この、悲《かな》しみの大地《だいち》を
希望《きぼう》の大地《だいち》にして、
いつまでも
暮《く》らせますように」

そう、この泉《いずみ》の水《みず》は、
希望《きぼう》の水《みず》なのだ。

収穫祭《しゅうかくさい》のあと、
広場《ひろば》で
パーティーが
開《ひら》かれた。

村《むら》のひとびとは
みんな集《あつ》まってきた。
となり村《むら》から
ガルモニカ弾《ひ》きも
やってきた。

スカーフで
おしゃれをした
女《おんな》のひとたちは、
ガルモニカの
演奏《えんそう》に合《あ》わせて、
歌《うた》い、踊《おど》った。
娘時代《むすめじだい》のように、
手《て》をつなぎ、
肩《かた》を組《く》んで。

泉《いずみ》は、
春《はる》も、夏《なつ》も、秋《あき》も、冬《ふゆ》も、
朝《あさ》も、昼《ひる》も、夜《よる》も、
湧《わ》きつづけている。

泉《いずみ》の水《みず》がぼくの中《なか》を流《なが》れ、
ぼくをここに引《ひ》きとめている。
何《なん》十億年《おくねん》もつながっている、
いのちのくりかえしを、
泉《いずみ》は、
ずっと守《まも》りつづけている。

●ブジシチェ村《むら》・放射能《ほうしやのう》汚染《おせん》調査《ちようさ》

（単位《たんい》：キュリー/km2）

パーティーの広場《ひろば》……………6

ジャガイモ畑《ばたけ》…………………10〜12

学校《がつこう》跡地《あとち》………………………20

薪《まき》を取《と》った森《もり》…………………60〜150

泉《いずみ》の水《みず》……………………………検出《けんしゆつ》されず

（2001年《ねん》5月《がつ》19日《にち》

ロシア・チェチェルスク保険局《ほけんきよく》測定《そくてい》）

（あとがき）

世界《せかい》じゅうの子《こ》どもたちへ

本橋成一《もとはしせいいち》

ぼくが、はじめてアレクセイに会《あ》ったのは、
この村《むら》に通《かよ》いだして三年目《ねんめ》の一九九五年春《ねんはる》のことでした。
まだその頃《ころ》は、たくさんの人《ひと》が住《す》んでいて、
村《むら》の泉《いずみ》のまわりも、いつもにぎやかでした。
水汲《みずく》みにきていた母親《ははおや》のニーナに、食事《しょくじ》に誘《さそ》われて、
はじめてアレクセイの家《いえ》を訪《たず》ねました。

彼《かれ》は、ちょうど中庭《なかにわ》で、馬《うま》のルイシックに
馬具《ばぐ》を取《と》りつけているところでした。
馬《うま》はまだ二歳《さい》で、馬車《ばしゃ》を引《ひ》く訓練中《くんれんちゅう》でした。
アレクセイは、おどおどしているルイシックに、
まるで子《こ》どもをあやすように優《やさ》しく声《こえ》をかけていました。
それ以来《いらい》、ぼくはブジシチェ村《むら》を訪《おとず》れるたびに、
アレクセイに会《あ》いに行《い》くようになりました。

春《はる》は畑《はたけ》で、夏《なつ》は川《かわ》で、秋《あき》は牛《うし》を追《お》いながら、
そして、冬《ふゆ》はペチカにあたりながら、
彼《かれ》は、ぼくにいろいろな話《はなし》をしてくれました。
森《もり》で、三頭《とう》の狼《おおかみ》の子《こ》どもに出会《であ》ったときの話《はなし》。
村《むら》の横《よこ》を流《なが》れるコヴピタ川《がわ》で、大《おお》きな魚《さかな》を捕《つか》まえた話《はなし》。
狐狩《きつねが》りのときは、巣穴《すあな》に入《はい》れる、小《ちい》さな犬《いぬ》が必要《ひつよう》だという話《はなし》。
それはみな、この村《むら》でアレクセイや村《むら》びとたちと、
いっしょに暮《く》らしている仲間《なかま》たちの話《はなし》でした。
アレクセイは、この仲間《なかま》たちが大好《だいす》きなのです。

映画《えいが》『アレクセイと泉《いずみ》』の、春《はる》の撮影《さつえい》のときの話《はなし》です。
この日《ひ》は、じゃがいもの植《う》えつけで、
街《まち》に引《ひ》っ越《こ》していった兄《にい》さんたちも手伝《てつだ》いにきて、
一家《いっか》そろって、畑仕事《はたけしごと》をしている日《ひ》でした。
アレクセイは、ルイシックに鋤《すき》を取《と》りつけて、
畝《うね》を切《き》っていました。
そのとき、ルイシックが突然暴走《とつぜんぼうそう》したのです。

たづなを握《にぎ》ったアレクセイを引《ひ》きずったまま、
取《と》りつけられた鋤《すき》は、前後左右《ぜんごさゆう》に飛《と》び跳《は》ねました。
約《やく》五〇メートルは走《はし》ったでしょうか。
アレクセイの怒《いか》りの叫《さけ》びと、
たづなを決《けっ》して離《はな》さなかったおかげで、
ルイシックはやっと止《と》まりました。
たづなを持《も》って起《お》き上《あ》がったアレクセイは、
怒《いか》りをあらわにして、いきなりルイシックの腹《はら》を蹴《け》り、
首《くび》のところにパンチをあびせはじめました。

いつものあの優《やさ》しいアレクセイとは思《おも》えない光景《こうけい》でした。
思《おも》わずぼくは撮影《さつえい》するのをやめてしまったほどです。

あとでわかったことですが、
鋤《すき》を引《ひ》いたままで暴走《ぼうそう》することは、
とても危険《きけん》なことだったのです。
飛《と》び跳《は》ねた鋤《すき》が、馬《うま》や人間《にんげん》に当《あ》たろうものなら
大事故《だいじこ》になるのです。

この村《むら》では、馬《うま》なしでは暮《く》らせません。
馬《うま》も、人《ひと》がいなくては生《い》きてはいけません。
アレクセイのあの怒《いか》りは、
若《わか》いルイシックに危険《きけん》をわからせる
大事《だいじ》なコミュニケーションだったのです。
この村《むら》に残《のこ》った五五人《にん》の年寄《としよ》りたちにとっても、
たくさんの生《い》きものたちにとっても、
アレクセイは、かけがえのないヒトです。
そしてアレクセイにとっても、
仲間《なかま》たちは、なくてはならない存在《そんざい》です。

今《いま》、この地球《ちきゅう》にあるいのちは、
三十数億年《すうおくねん》の時《とき》をかけて、つながってきました。
ヒトや馬《うま》や犬《いぬ》、ネズミ、ミミズ、花《はな》や草《くさ》だってそうです。
そう、ひとつのいのちは

すべてのいのちにつながっている……。
この地球《ちきゅう》では、人間《にんげん》だけの都合《つごう》では
決《けっ》して生《い》きていかれないのです。

二〇一一年《ねん》三月《がつ》、
東日本大震災《ひがしにほんだいしんさい》で原子力発電所《げんしりょくはつでんしょ》が爆発事故《ばくはつじこ》を起《お》こしました。
放射能《ほうしゃのう》で大地《だいち》は汚染《おせん》され、
たくさんの人《ひと》たちがふるさとを失《うしな》いました。
そこであらためて分《わ》かったことは、地球上《ちきゅうじょう》のすべての生《い》きものは
「核《かく》」とは共存《きょうぞん》できないということでした。
ブジシチェ村《むら》のように、自然《しぜん》とともに生《い》きている人《ひと》たちは、
いのちを大切《たいせつ》にする知恵《ちえ》を持《も》っていました。
それはぼくたちいのちあるものみんなが、
持《も》っているものなのです。

本橋 成一（もとはし せいいち）／写真家・映画監督

1963年自由学園卒業。68年『炭鉱』で第5回太陽賞受賞。91年からチェルノブイリ原子力発電所とその事故被災地ベラルーシに通い、放射能汚染地で暮らす人びとを写し撮る。97年、初の監督作品となった映画『ナージャの村』は国内外で高い評価を得る。98年写真集『ナージャの村』で第17回土門拳賞受賞。2002年1月に公開となった2作目の映画『アレクセイと泉』は、第52回ベルリン国際映画祭にてベルリナー新聞賞及び国際シネクラブ賞など、受賞多数。2014年写真絵本『うちは精肉店』で第61回産経児童出版文化賞JR賞を受賞。

アレクセイと泉のはなし

2004年4月26日　初版発行
2015年2月10日　第六刷

写真と文　本橋成一
http://polepoletimes.jp/

発行人　小林佑
編集人　山口郁子
アートディレクション　福田毅
装幀デザイン　田村公典
発行所　アリス館
〒112-0015　東京都文京区目白台2-14-13
電話／03（5976）7011　FAX／03（3944）1228
http://alicekan.com/
印刷所　瞬報社写真印刷株式会社
製本所　株式会社ハッコー製本
編集　松田悠八（編集工房メイフラワー）
協力　ポレポレタイムス社・吉田理映子
 ISBN978-4-7520-0274-1 C8036